Jamie

Ash

Sam

U0009865

Kirby

Ariel

小熊出版的中英雙語繪本系列，故事以中、英文並列方式呈現，也錄製了中、英版本的故事音檔，可讓孩子透過讀與聽培養語感，再模仿發音和語調，自然而然的說出兩種語言，把握語言學習黃金期，不只用眼睛閱讀，也用耳朵和嘴巴閱讀。

此外，本系列還特別收錄具有互動功能的故事，讓孩子能和書中角色一同推進情節發展，雙方彷彿在玩一場有趣的互動遊戲，除了在遊戲中培養孩子的好奇心和想像力，同時也增進親子對話的美好時光。

讓我們陪伴孩子，一起盡情在遊戲中學習吧！

中文版故事

http://qrcode.bookrep.com.tw/duck-c

英文版故事

http://qrcode.bookrep.com.tw/duck-e

掃描 QR Code 或輸入網址下載音檔，就可以聆聽中文版和英文版的故事！

文 / 露西‧羅蘭 Lucy Rowland
圖 / 亞紀 Aki　　　譯 / 汪仁雅

中英雙語繪本
附 QR Code 音檔

Ten Little Ducklings

10隻小鴨躲迷藏

太陽出來了，又是新的一天。
10隻小鴨出去玩。
The sun is up, it's a brand-new day.
Ten little ducklings want to play.

閉眼睛，別偷看，
一起來玩**躲迷藏**！
So close your eyes, you mustn't peek.
Let's play a game of
hide-and-seek!

10 隻小鴨玩水真涼快，
池塘戲水**嘩**啦啦。
Ten little ducklings keeping cool,
splishing, splashing in the pool.

看小鴨潛下去、浮上來，游過去、游過來。
是誰躺在**泳圈**上？
Watch them dive and float and swim.
Which one's on a **rubber ring?**

找到你了，小鴨！
I see you, duckling!

10 隻小鴨排排隊。
各就各位，預備——出發！
Ten little ducklings in a row.
On your marks, **get set** and **GO**！

仔細瞧一瞧，到處找一找。
是誰騎車衝到最前方？
Look around now — search and hunt.
Which one's **zooming out in front?**

找到你了，小鴨！ **I see you,** duckling!

10 隻小鴨，10 顆**熱氣球**！
小鴨唱著快樂的歌曲。
Ten little ducklings, ten **big balloons**!
Ducklings singing happy tunes.

天啊！穿過軟綿綿的白雲了！
是誰**在空中飛最高**？
Past the fluffy clouds, oh my!
Which one's **highest in the sky?**

找到你了，小鴨！
I see you, duckling!

10 隻小鴨晒太陽，
農場玩耍真開心。

Ten little ducklings in the sun,
at the **farmyard** having fun.

哈哈笑，微微笑，**玩遊戲**……
是誰躲在**乾草堆裡**？

Laughing, smiling, **games to play**...
Which one's tucked **inside the hay**?

找到你了，小鴨！
I see you, duckling!

吼！ 10 隻小鴨聽見一聲吼叫。
Ten little ducklings hear a **ROAR!**

叢林小鴨就是愛探險。
Jungle ducklings must explore.

10 隻小鴨，**打雪仗嘍！**
冬日暖陽下玩耍。

Ten little ducklings. **Snowball fight!**
Playing in the winter light.

雪球**飛高又飛低**……
1隻小鴨躲在**雪堆裡**。
Snowballs flying **high and low**...
Find a duckling **deep in snow.**

找到你了，小鴨！
I see you, duckling!

10 隻小鴨，我的天！
生日茶會亂翻天。

Ten little ducklings, goodness me!
It's **chaos** at this **birthday tea!**

請你幫忙找一找，誰在**桌子底下**吃蛋糕？
Find a duckling, if you're able,
munching cake **under the table.**

找到你了，小鴨！
I see you, duckling!

10 隻小鴨在**沙灘**，
帶著水桶和沙鏟。

Ten little ducklings at the **beach**,
with a spade and bucket each.

蓋起一座大沙堡……
是誰**躲在城牆後**？
Huge sandcastles standing tall...
Who's **behind the castle wall?**

找到你了，
小鴨！
I see you, duckling!

10 隻小鴨潛入海底，經過戴王冠的美人魚，
陪著**大藍鯨**一起游來游去……
找一找騎在**尾鰭上**的小鴨。
Ten little ducklings diving down, past a mermaid in a crown.
Swimming with **a big blue whale**...
Find the duckling **on its tail.**

一天即將要結束，10 隻小鴨玩得**真滿足**。
Now the day is almost done, ten little ducklings had **such fun**.

看啊！他們準備回家去睡覺。
哪隻小鴨**打瞌睡**了？

找到你了，小鴨！
I see you, duckling!

Look, they're heading home to bed.
Can you spot the **sleepyhead?**

玩累的小鴨回到家。
一共 10 隻要數好。
Tired little ducklings, home again.
See if you can count **all TEN.**

悅讀《10隻小鴨躲迷藏》，點數唱數真有趣！

文／邱瓊慧（國立臺北護理健康大學嬰幼兒保育系助理教授）

乍看《10隻小鴨躲迷藏》封面的小鴨，立即感受到一股輕快的愉悅感！小鴨們各有不同的打扮——戴著紅帽、綠帽、藍帽，還有派對帽呢！脖子上繫蝴蝶領結、身穿紅條紋裝，還有含著奶嘴的！繪本封面，即是故事的「引子」，蘊藏著故事內容的許多細節，親子共讀，就從一本書的「封面」開啟美好的共讀時光。

引人入勝的封面圖像，激發想看故事的動機

引導孩子閱讀《10隻小鴨躲迷藏》封面的豐富圖像時，家長可向孩子提問，如：「小鴨們在做什麼？」、「他們的頭上戴著什麼？是什麼顏色？」藉以引導孩子預測故事的內容，從封面圖像中找尋這本繪本內容的訊息線索，引發孩子想要閱讀這本書的動機。

閱讀圖像細節，點數念唱數字

封面上的10隻小鴨排成四層，堆疊成金字塔（三角形），家長可善用「點數」技巧，引導孩子練習由下往上遞減的序數，以及數量、數算、空間方位等概念，並向孩子提問：「你看，由上往下點數：1、2、3、4，這裡有四層；再由上往下數：第一層、第二層、第三層、第四層（序數）。依序點數第一層1，有1隻鴨子；第二層1、2，有2隻鴨子；第三層1、2、3，有3隻鴨子，第四層1、2、3、4，有4隻鴨子。」

接著讓孩子從最下面第四層往上一層一層點數小鴨的數量：1、2、3、4→1、2、3→1、2→1；再從上往下數層數：1、2、3、4，以及從下往上數層數：4、3、2、1，玩玩念唱數字，就像數字兒謠一樣。

家長可多多善用提問技巧，引導孩子學習「數」的概念。

探索圖像訊息，提升蒐集、整理訊息的數學力

引導孩子覺察封面中10隻小鴨異同，並提問：「小鴨們是什麼顏色？」（顏色的覺察）、「黃色和橘色的小鴨各有幾隻？」（數量的覺察和點數）、「最下面、最上面或中間的小鴨各有幾隻？」（空間位置的覺察）從「封面」開始，就可以跟孩子共讀共玩嘍！

故事開始時，10隻小鴨排排隊，第一隻小鴨撲通跳下水，然後第二隻小鴨撲通跳下水；接著向孩子提問，如：「再來是第幾隻小鴨跳下水呢？」、「戴紅帽子的小鴨是第幾隻呢？來找一找吧！」、「咦？草叢裡還有一隻『小老鼠』啦！」以這樣的共讀節奏，帶領孩子從圖像中找訊息，透過看圖讀故事，輔以共讀中的對話，

引導孩子觀察圖像、蒐集其中的特徵訊息，進而運用分類（如：黃色小鴨和橘色小鴨，以顏色分類）以及比較（如：誰的熱氣球飛得最高？比較高低）的策略，來有系統的整理訊息，提升蒐集、整理訊息的數學力。

閱讀小鴨在蜿蜒山路騎車的這頁時，家長可提問：「小鴨們騎著什麼車？」（摩托車、滑板車，還有……沒騎車但坐在車旁的籃子或橡皮艇裡。這是屬於比較和找關係）；「還有其他動物嗎？」（搭飛機的小老鼠，這是比較的概念）。

來到搭熱氣球飛上天這一頁，可以這麼提問：「小老鼠在哪裡呢？啊！小老鼠拉著氣球（不是搭熱氣球，這是比較的概念），也飛上天空去！」（小老鼠總陪著10隻小鴨，這是覺察）；「10隻小鴨裡誰飛得最高？為什麼飛最高？」（啊！因為他手上拿著吹火筒啦！）

欲引人注目，卻又隱約不見的存在

10隻小鴨中就屬紅條紋小鴨最引人注目，但卻在每一個場景裡都特別的不明顯或不見了呢！哈哈，因為紅條紋小鴨總是把頭潛入水裡；只露出頭和肩膀坐在熱氣球裡；把頭鑽到水桶裡；只露出身體，走在叢林裡的高高樹藤上；整個身體埋進雪堆裡；躺在陽傘下的海灘墊上；把頭埋入海底的藏寶箱裡；過橋時走在第一個，卻只看得到身體後半部；躺在床上睡覺時，也把頭埋進被窩裡！

一次朗讀一種語言，培養語感，感受語文音韻之美

本故事的美，除了因豐富圖像而多彩多元的角色、情節之外，繪本中的文字之美，亦是無法讓人忽視的。

《10隻小鴨躲迷藏》中還有中英雙語的文字呈現，透過朗讀中文、念讀英文的用詞遣字，都能讓孩子感受到語文音韻，猶如念唱兒歌、童謠般，且搭配故事情節的編輯，讓文字巧妙的融合為圖像的一部分，更增添故事的圖像張力。

故事終有結束，就像一天的結束——
在進入甜美夢鄉時畫上句點

《10隻小鴨躲迷藏》的故事，開始於出門遊玩，從上山下水、陸地騎乘到天空翱翔、室內生日會、沙灘、海底……起承轉合、高潮迭起的故事節奏，伴隨著小老鼠念讀床邊故事，最終以「進入夢鄉」，為10隻小鴨出門一日遊畫上句點。

數一數，每種物品或動物的數量各是多少？

再找一找，這些物品或動物出現在故事的哪裡呢？

Count and think. How many of each object or animal are there?
Look again. Where can you find these objects or animals in the story?

3
three
buckets
水桶

1
one
mouse
老鼠

2
two
cakes
蛋糕

4
four
sandcastles
沙堡

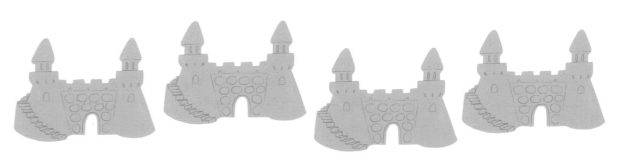

http://qrcode.bookrep.com.tw/duck-g

掃描 QR Code 或輸入網址，
跟著音檔玩遊戲！

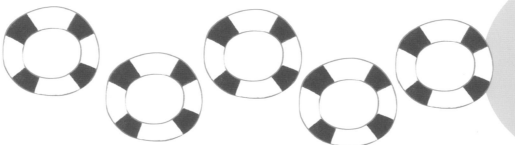

5
five
rubber rings
泳圈

6 six

spades

鏟子

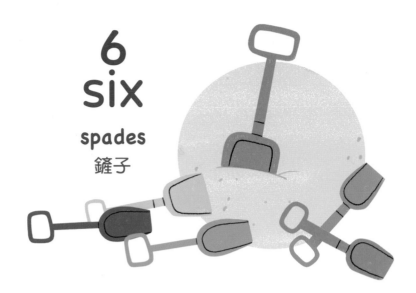

7 seven

crowns

王冠

8 eight

snowballs

雪球

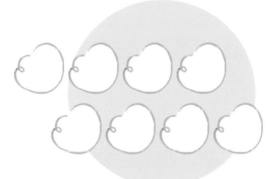

9 nine

balloons

氣球

10 ten

ducklings

小鴨

文／露西·羅蘭（Lucy Rowland）

　　露西·羅蘭在英格蘭的切爾滕納姆市長大，從小就喜歡閱讀、聽詩歌，長大後於英國雷丁大學取得語言和語言治療學位，在開始創作繪本之前，她是一位兒童語言治療師。露西現在定居於倫敦南部，她熱愛創作古怪的角色，以及歡樂又充滿韻律感的故事，著有《拯救長鬍鬚王子》（小光點），以及《傑克烤了一個怪獸蛋糕》、《海盜皮特與他的臭腳丫》和《小紅帽》（以上暫譯）等作品。

圖／亞紀（Aki）

　　圖文創作者，2008 年開始從事寫作和插畫的工作，現居住於德國柏林，繪本作品有《天氣女孩》、《大自然女孩》（以上暫譯）等。除了創作和寫作，亞紀也和她的姐妹經營烹飪部落格。

譯／汪仁雅

　　喜愛文字和圖像點構出的意義坐標，那裡有寬容、理解、哀矜勿喜的體會，有可親可愛、酣暢淋漓的生命滋味。認為閱讀構築出迷人的星系，仰望就能得到信仰。在小熊出版的譯作有《如果動物要上學》、《不要打開這本書！》。

中英雙語

10 隻小鴨躲迷藏 Ten Little Ducklings

文：露西·羅蘭｜圖：亞紀｜譯：汪仁雅

小熊出版讀者回函　小熊出版官方網頁

總編輯：鄭如瑤｜主編：陳玉娥｜責任編輯：吳佐晰｜美術設計：翁秋燕
行銷經理：塗幸儀｜行銷企畫：袁朝琳｜錄音後製：印笛錄音製作有限公司
英文錄音：Margaret Haw-Yuann Maa（馬昊媛）｜中文錄音：馬君珮
出版：小熊出版／遠足文化事業股份有限公司
發行：遠足文化事業股份有限公司（讀書共和國出版集團）
地址：231 新北市新店區民權路 108 3 號 6 樓
電話：02-22181417｜傳真：02-86672166
劃撥帳號：19504465｜戶名：遠足文化事業股份有限公司
Facebook：小熊出版｜E-mail：littlebear@bookrep.com.tw
讀書共和國出版集團網路書店：www.bookrep.com.tw
客服專線：0800-221029｜客服信箱：service@bookrep.com.tw

團體訂購請洽業務部：02-22181417 分機 1124
法律顧問：華洋法律事務所／蘇文生律師
印製：凱林彩印股份有限公司
初版一刷：2024 年 06 月｜定價：380 元
ISBN：978-626-7429-73-0（ISBN ）
　　　978-626-7429-72-3（EPUB）
　　　978-626-7429-71-6（PDF）
書號：0BBL1001

國家圖書館出版品預行編目（CIP）資料

10 隻小鴨躲迷藏 Ten Little Ducklings／露西．羅蘭 (Lucy Rowland) 文；亞紀 (Aki) 圖；汪仁雅譯. -- 初版. -- 新北市：小熊出版，遠足文化事業股份有限公司，2024.06
36 面；27.4×24.5 公分.
中英對照
譯自：Ten Little DUCKLINGS.
ISBN　978-626-7429-73-0（精裝）
1.CST: 兒童遊戲 2.CST: 學前教育 3.SHTB: 認知發展 --3-6 歲幼兒讀物
523.13　　　　　　　　　　　　113005900